MIT DEM HERZEN PILGERN

Für Angela

Kunstverlag Josef Fink
Hauptstraße 102 b
D-88161 Lindenberg
Telefon (0 83 81) 8 37 21
Telefax (0 83 81) 8 37 49
Internet www.kunstverlag-fink.de
E-Mail info@kunstverlag-fink.de

1. Auflage 2006

ISBN: 3-89870-315-0
ISBN: 978-3-89870-315-4

Ein vollständiges Verzeichnis unserer Reihe „Kleine Kunstführer" (inkl. Bestellmöglichkeit) finden Sie auf der Verlagswebsite www.kunstverlag-fink.de (unter „shop").

Fotos: Wolfgang Schneller, mit Ausnahme Seite 9, 17, 20, 56/57, 76/77: Franz Schwenk; S. 70 u. 73: Correo Gallego

Layout: Georg Mader, Weiler im Allgäu

Gesamtherstellung:
Holzer Druck und Medien, Weiler im Allgäu

Wolfgang Schneller

Mit dem Herzen pilgern

Gedichte für Menschen auf dem Weg

Kunstverlag Josef Fink

Vorwort des Verfassers

Den Anstoß zu diesem Gedichtbändchen gaben viele Freunde, die mich seit Jahren bedrängen, eine solche Sammlung herauszubringen. Meine wohl überlegte Zustimmung will nun die aus ganz unterschiedlichen Erfahrungs- und Stimmungslagen gereiften Gedanken weitergeben als Inspirationen, die auf „mehr" verweisen.

Wenn Gedichte „gemalte Fensterscheiben" sind, wie Goethe einmal formulierte, so kommt darin ja auch die Einladung zum Ausdruck, solche Texte nicht nur von außen zu betrachten, sondern in ihr Inneres einzutreten, um daraus Impulse fürs Leben zu gewinnen. Der Fenstermaler kann nur Glas und Farben gestalten. Auf das Licht, das alles erst zum Leuchten bringt, hat er keinen Einfluss. Ebenso ist der Leser von Gedichten immer aufgefordert, sich in die tiefere Bedeutung der Worte einzufühlen. Es braucht Zeit, bis sich das innere Auge an die vielleicht verborgenen Sprachbilder gewöhnt. Es sei denn, das Wort des Dichters berührt den Leser „von Herz zu Herz", sodass es keiner Eingewöhnung mehr bedarf. Erfahrenes, Gefühltes und Erkanntes, Erlittenes und manchmal auch Geschautes bilden den Grundstoff der Gedanken und finden ihr Echo in der Spiritualität des Lesers. So kommt es zur

Begegnung, zum Dialog, manchmal auch zu einer geistlichen Gabe als Frucht der Betrachtung.

Die Reihenfolge der vorliegenden Gedichte richtet sich nicht nach ihrer Entstehungszeit, sondern mehr nach dem Rhythmus der jahreszeitlichen Ordnung. Einige Themen und Bilder stehen in engem Zusammenhang mit dem Jakobsweg, der uralten Pilgerstraße nach Santiago de Compostela, die mir und meiner Frau seit langem sehr vertraut ist. Ganz bewusst habe ich diese Verse nicht in geographischer Folge angeordnet. Erinnerungen überspringen solche Abläufe, sie sind nicht mehr an Vorgegebenes gebunden. In nahezu allen Gedichten zeigt sich jedoch der Grundimpuls des Aufbruchs, der pulsierende Herzschlag der Pilgerschaft. So wünsche ich meinen Lesern, dass sie diese Gedanken auf sich wirken lassen im Sinne des Pilgerrufes auf dem Jakobsweg: „ultreia!" - Auf geht's, immer weiter!

Wolfgang Schneller

Anfang

Ein Anfang ist gemacht.
Beginnen heißt: vertrauen,
um Neues aufzubauen
in guter Kräfte Macht.

Der Grund ist schon gelegt,
dass neuer Aussaat Lohn
in allem innewohn',
was Herz und Sinn bewegt.

Es ist der Liebe Kraft,
die in uns eingesenkt,
dass sie – n u r s i e – uns lenkt,
und die Vollendung schafft.

Pilgerschaft

Zieh aus – in weite, freie Räume,
auf Wegen, die dich an sich ziehen,
sie sind dein Ziel und dein Zuhaus.
entflieh dem Labyrinth
der Mauern, Zäune, Einbahnstraßen,
lass dich mit ungehemmtem Schritt
nur noch vom Weg umarmen,
der dich sich auserwählt'.
Erlausche
der neuen Schritte Melodie,
der Worte, Weisen und Gesänge
Urgebärden.
Leg ab die Fesseln
ausgetretener Pfade.
und fliehe vor den Lebenslügen.

Heb auf dein Herz zur Sonne
in himmelweite Fernen
zum Sternenweg!
Durchstoß der Ängste Nebelschleier,
tauch in die Hoffnung ein
des neuen Aufbruchs.
Lass deiner Seele
weite Flügel wachsen,
lass' deinen Atem
zum Schöpfgefäß der Tiefe werden,
trau und gehorche
der sel'gen Kraft in deinem Pilgern.
Der Weg wird auferstehen
durch deine Spur!

In der Welt, doch nicht ihr eigen

In der Welt, doch nicht ihr eigen,
von anders her bin ich gewollt.
Ich brenne hier, nur um zu zeigen,
wie mich ein Feuer läutern sollt,
in Demut würdevoll mein Ich zu beugen.

Und was mich zwingt, fällt ab wie Ketten,
frei wird es mir und froh ums Herz,
weil Glück sich wandelt aus den Nöten
und meinen Geist hebt himmelwärts,
erkennend: Treue Liebe will mich retten.

So folge ich dem Einen, der da rief,
in seine Spuren aufzubrechen.
Ist auch der Glaube schwach, die Fragen tief,
bleibt keine Zeit, dem Ruf zu widersprechen.
Ihn träumte ich, als alle Welt noch schlief.

Tympanon in Conques (Frankreich)

Brücke

Da ist die Brücke, und sie will mich führen.
Sie trägt den Weg und mich dahin,
und ihre Bögen sind Versprechen.
Des Anfangs frischen Zauber will ich spüren,
schon ahn' ich meiner Schritte vollen Sinn
und wag 's, von Neuem aufzubrechen.

Noch einmal gehen meine Blicke
zurück – da ist viel staunendes Gedenken,
und Hoffnung ist gewachsen voller Kraft.
Doch wendet alles sich in mir zur Brücke,
verheißungsvoll will sie mich lenken
zu neuer Freiheit Pilgerschaft.

Und über meiner Sehnsucht stille Träume
schwingt sich voll Spannung brückengleich
Vertrauen, leicht und voller Kraft.
Es öffnen sich wie Blüten Lebensräume;
und siehe da: in mir wird heil und reich,
was noch in Wunden liegt so rätselhaft.

Die Brücke meiner Jahre spannt sich weit,
und in mir strömt des Lebens Fluss.
Er will in Ewigkeit nicht mehr zurück.
So geh' ich off'nen Herzens durch die Zeit,
weil ich voran zu neuen Ufern muss,
zum Ziel, zu meinem großen Glück.

Pilgerbrücke über den Arga in Puente la Reina (Navarra), 13. Jh.

CAM
PUERTO
SANT

Der Weg zum Ziel

Nun sind wir aufgebrochen,
der Weg lockt uns ins Neue,
ins Fremde und ins Freie.
Der Mut sei ungebrochen.

Der Spuren Rätselspiele
verführen uns zu wagen,
zu hören und zu fragen
nach einz'gem Lebensziele.

Durch Felsenklamm der eine,
vorbei an Blumenwiesen,
an fernen Paradiesen,
und Wegen voller Steine.

Ihr seid mit uns geschritten
durch Wege hoch und tief.
Wir wissen, wer uns rief,
und wer in uns'rer Mitten.

Ihr seid für uns Gefährten,
in Treue wissend nah,
schlicht, liebevoll, ganz Ja,
die allem Zweifel wehrten.

Der Weg, den wir gewählt,
er wird uns ganz zu eigen,
er wird uns endlich zeigen,
was ist, was bleibt und zählt.

Somport -Pass über die Pyrenäen

Schritte werden Weg

Du gehst mit uns die vielen Schritte,
Du träumst mit uns den gleichen Traum.
Und ahnend, glaubend wird der Raum,
der uns umfängt, zur heil'gen Mitte.

Es führt uns eines Geistes Mut,
er öffnet Weiten, breitet Schwingen,
ein Lied beginnt in uns zu singen,
entzündend einer Liebe Glut.

Und Blinde preisen neues Schauen,
denn ihre Schritte werden Weg.
Durch deine Spur wird neuer Steg
zu lebensvollem Urvertrauen.

Lass frischen Quellen ihren Lauf,
wirf dich als Pilger in den Wind.
Vertrau dem Wege wie ein Kind,
Gott geht ja mit, brich ruhig auf.

Geh neuem Leben froh entgegen,
Verheißung lockt zum Hoffnungsufer:
Er ist der Weg, Er ist der Rufer,
Er ist auch Deiner Schritte Segen.

Pilger auf dem Weg

Gedanken im Kreuzgang

Säulen sind wie Lebensjahre,
in Bögen fest verbunden,
und rätselhafte Bilderpaare
beschau'n geschöpfte Stunden.

Erzählend, was ein Leben prägt,
erblüht der Stein in Bildern
und will bewegend unbewegt
erfülltes Dasein schildern.

Wie fruchtgekrönte Bäume hält
ein jeder Pfeiler Last,
und in der Leere schwingt beseelt
ein Sein und lädt zur Rast.

So bleib du selbst im Bogengang,
zum Bild in dir gewandt.
Den du gesucht ein Leben lang,
ist in dir ausgespannt.

Der täglich Licht und Schatten gibt
in Leid und Glück verwoben,
Er ist's, der suchend dich geliebt
und ganz zu sich erhoben.

Kreuzgang in Santillana del Mar

Morgenlied

Mürrisch weicht dem Dämmerlicht
die Nacht und sinkt darnieder,
und durch das Grau der Frühe bricht
des Morgens junges Angesicht,
und leuchtet allen wieder.

Aus farblos fahlem Himmelsbild
fällt plötzlich rosig Leben,
und Farb' um Farbe kommt und füllt
das Firmament so herrlich mild,
oh, kann es Schön'res geben?

Erst ein zärtlich Purpurband,
dann golden glühend Rot
und strahlend aus dem Feuerbrand
steigt die Sonne in das Land,
oh großer Schöpfergott!

Ein neuer Tag ist uns geschenkt,
ein neuer Tag voll Leben,
vom Morgen bis zur Nacht gelenkt
durch Gottes Güte unbeschränkt.
Herr, gib uns Deinen Segen!

Maria Magdalena

Festhalten will ich mich an dir,
was immer war, was noch geschieht,
nicht lass ich deine Nähe.
Dein Kreuz sei meiner Freiheit Tür,
dass aller Tod aus mir entflieht
und Sündenschuld vergehe.

Ich halt dich fest und werde frei,
und Leben spür ich fließen,
dass ich wie eine Rose weit
in meiner Liebe blühe neu,
und ganz im Ungewissen
werd' mich zu schenken ich bereit.

Selige Kräfte, die da kreisen:
In deinem Kreuz ist Halt und Heil,
und altes Leben ist dahin.
Das neue aber will dich preisen,
es hat an deinem Leben teil,
für Ewigkeiten mein Gewinn!

Maria Magdalena unter dem Kreuz (Ausschnitt aus dem Relief in der Namen-Jesu-Kirche in Oberdischingen / Meister Andon, 1501)

Aus Ostern leben

Leben will ich - leben,
und Leben will ich feiern,
denn einzig ist mein Leben,
es will sich stets erneuern.

Ich glaub' der Ostersonne
und wage Freudensprünge,
verkoste sel'ge Wonne
und freu mich aller Dinge.

Ein Jubel, tief und stumm
quillt aus der Seele Grund,
ist Evangelium,
des Lebens ew'ger Bund.

Der Tod ist schon gestorben,
das Leben hat gesiegt.
Ihm bin ich ganz erworben,
mein Leben ist geglückt!

Oberschwäbischer Jakobsweg zwischen Erbach und Donaurieden

Morgenwanderung

Wir gingen still im Schauen
des Tages junges Werden,
als e i n e s Weg's Gefährten
im frühen Morgengrauen.

Mit wachen Sinnen tranken
wir Fluten neuen Lichts.
Wer gab das Wort, wer spricht's?
Kommt, lasst uns einfach danken

für dieser Dämm'rung Grau,
für rosarote Wogen,
für weiße Wolkenflocken
und für des Himmels Blau.

Der Bäume stummes Schwarz,
geheimnisvolles Schweigen,
vollendend diesen Reigen,
sagt dir und mir: Bewahr's!

Weg-Meditation

Andere Wege gibt es viele,
mit Sonnen- und mit Regentagen,
sie bieten Rast und Schattenkühle
und lassen leer im Unbehagen.

Doch dieser Weg, er ist der deine,
er fordert dich ins harte Jetzt,
er will von dir das letzte Eine,
er will dich ganz, nicht unverletzt.

Versag dich nicht, trau deinem Sehnen,
folg' seinem inn'ren Rufen.
Und wird es auch ein Weg der Tränen,
er führt dich neue Stufen.

Er ist der Weg, der dich erwählt,
brich mutig auf ohn' Wanken.
Er ist's, der dich mit Kraft beseelt,
du sollst nur gehn und danken!

Jakobsweg bei Cirauqui/Navarra

Grüner Pfingst-Hymnus

O Grünkraft du, vom Licht umarmt,
du öffnest Herzen, Sinn, Gemüt,
du machst, dass alles in mir blüht,
selbst Dürrem hast du dich erbarmt.

Aus dunkler Mitte bricht hervor
was nicht im Tode bleiben kann.
Es schafft sich neuen Lebens Bahn,
stimmt an des Grünen voller Chor.

Was wie in Todesstarre lag,
wird auferweckt durch deinen Kuss,
weil Leben leben, grünen muss.
Dies ist des Heil'gen Geistes Tag!

Nun kreist in mir des Geistes Grün,
treibt neuer Liebe Blütenpracht,
verkündend Gottes Schöpfermacht.
Ihr geb' ich all mein Streben hin.

Dem Vater aller Herrlichkeit,
dem Sohn in gleicher Gotteskraft,
dem Geist, der neues Leben schafft,
sei Lob und Preis in Ewigkeit!

Pyrenäenlandschaft

In allem eins

In allem eins
und eins in allen,
der Blumen Kelche offen
und grün in allen Tönen.
Dies ist ganz meins
mir zu Gefallen,
aufstrebend hell im Hoffen:
Geheimnis will mich krönen.

Geh nicht vorbei,
bleib' einmal stehen
nur ein paar Atemzüge
verweile ganz im Schauen.
Sei einmal frei,
lass es geschehen,
gib Raum, dass es sich füge:
sich neu ganz zu vertrauen.

Es ist dein Heute,
sanft wie Gras,
o lass es nicht verwehen,
sei ganz im Augenblick.
Gib dich zur Beute
der Stille ohne Maß,
denn Einer hat's gesehen,
und du und ich zum Glück.

Mai

Was immer blüht auf dieser Erde,
wo immer Leben sich entfaltet,
da ruft's im Universum: Werde!
Dass selbst das Nichts sich neu gestaltet.

Kaum war dem Wintertod entronnen
der Bäume stiller Blütenschlaf,
erweckten warme Frühlingssonnen
wo neues Licht auf Knospen traf.

Das Leben, immer neu erdacht,
in ewigem Gehorsam treu,
berührt mit seiner Blüte sacht
auch mich: hab Mut und werde neu!

Ich will das neue Leben wagen,
lass Starres neu sich regen,
lass mir Erlösung sagen
in Gottes Blütensegen.

Jakobusbrunnen

Ich sitze, ruhe, halte Rast,
am Brunnen hol' ich frischen Trank.
Mit Herz und Sinnen voller Dank
bin ich beim Heiligtum zu Gast.

Es war des Meisters leises Wort:
„Kommt und ruht ein wenig aus,
sonst reicht die Kraft euch nicht nach Haus,
sucht die Stille hier am Ort!"

Ich sitze, ruhe, halte Rast,
tief atmet meine Seele neu.
Es trennt sich Weizen von der Spreu,
zur Stille findet alle Hast.

Komm, nicht so eilig! Halte ein!
Der Brunnen schenkt sich dir,
bleib eine Weile hier,
dann wird dein Aufbruch rein!

Jakobusbrunnen vor dem Cursillo-Haus St. Jakobus am Oberschwäbischen Jakobsweg

Waldlichtung

Wer möchte es nicht erlauschen,
was hinter dem Sichtbaren lebt,
was atmet und wispert und webt
und flüstert in heimlichem Rauschen?

Du spürst: es ist in der Nähe,
es lugt hinter Farnen hervor.
Oh leihe dem Schweigen dein Ohr,
dass dieser Klang nicht verwehe!

Es wimmelt von tanzenden Elfen,
von Geistern und Gnomen und Zwergen,
sie können sich kaum noch verbergen.
Ach, sie würden so gerne dir helfen,

den Schleiher zu lüften, zu schauen,
was dich hin zur Herrlichkeit lenkt,
was dir als Erleuchtung geschenkt,
dem Leben von Herzen zu trauen!

Mit jedem Schritt könnt' gelingen,
ins Innerste leis' einzutreten,
es ist wie ein unwissend Beten –
ein Ahnen, ein Atmen, ein Singen ...

Rosentraum

Wie Feuer bricht aus Nichts hervor
des Frühlings neue Rosenkraft,
entfliehend harten Winters Haft
hinaus durch freier Lüfte Tor.

Es öffnet sich, was unbewegt
wie ausgelöscht in Wunden lag,
bis dieser junge Frühlingstag
ein neues Leben in dich legt.

Lass tief die Sonne in dich ein,
wo innerlichst du einzig bist
erwartet schon seit ew'ger Frist,
geschaffen, ganz und schön zu sein.

So edel und doch dornenreich
wirst du erblühen Jahr um Jahr,
der Liebe Zeichen wunderbar,
der Erde und dem Himmel gleich.

Vor der Kathedrale in Jaca

Im Ährenfeld

Jetzt ist es gute Zeit zu reifen,
wenn alles in Erwartung liegt
und goldner Frucht entgegenträumt.
Noch viele Stürme werden streifen
der Halme Häupter unbesiegt,
die laut'res Nichts umsäumt.

Traum und Erwartung werden wahr,
im Mittag heil'ge Fülle naht.
Doch bald, in bebendem Erschrecken
nimmst du Vorübergang gewahr,
erleidend inn'rer Wandlung Rad,
Verborgenes zu wecken.

Sei still in dir, mit keinem Laut
empöre dich dem Licht entgegen,
im Windhauch lass dich biegen.
Du bist in Leidenschaft erschaut,
seit Ewigkeit gekrönt mit Segen:
Ihn atmend, wirst du siegen.

Sta. Maria de Eunate/Navarra

Spätsommer

Es riecht schon nach Herbst in der Frühe.
Das Sommergold fügt sich den Pflügen.
Die Schwalben denken ans Fliegen
und in Wiesen steh'n dampfende Kühe.

In den Gärten schwellen die Früchte,
sie locken die Blätter ins Bunte.
Der Herbstwind sucht seine Stunde,
dass er sein Werk bald verrichte.

Wie Sonnenblumen sich neigen,
so strebe zum Lichte von oben,
wie sie ins Vergehen verwoben,
darin sich die Fülle wird zeigen.

Wie ein Herbstblatt im Winde zu tanzen,
schwingt sich dein Herz leicht empor,
gewinnt endlich, was es verlor,
vermählt sich als Teil mit dem Ganzen.

Noch sind dir die Wege verborgen,
doch es duftet nach neuem Erwachen.
In allem ist heiteres Lachen,
brich auf in den herbstlichen Morgen!

Ernte

Die Kornäcker sterben den Sommertod,
die Farben verbleichen ins Weiße.
Der Mohn veratmet sein letztes Rot,
und schwarze Vögel zieh'n Kreise.

Wir schreiten über berstende Schollen,
voll Sehnsucht nach Schattenkühle.
Von Ferne nahendes Donnergrollen
verkündet ein Ende der Schwüle.

Der Sommer tanzt prunkvolle Reigen,
er singt mir vom Tod und vom Leben.
Ich will mich in Dankbarkeit neigen,
will mich als Frucht selber geben:

vom Blühen zur Reife in Fülle,
sich enthebend der Erde Gewicht,
dass alles ganz eins sei im Ziele,
geerntet zum ewigen Licht.

Sommer in der Meseta

Herbstlied

Ich mag den Herbst mehr als den Mai,
weil er zur Höhe führt.
Wenn jeder Baum jetzt Blatt um Blatt verliert
und goldenes Verglühen mich berührt,
wenn alles stürmt: vorbei, vorbei,
dann wird der Blick zum Himmel frei.

Der kahlen Äste edle Leere
entlässt die Farben leicht,
und wiegend, sanft, veratmend weicht
zur Erde, was der Erde gleicht,
damit ihr alles ganz gehöre,
und nichts den Blick nach oben störe.

Ich mag der Bäume stilles Stehen
und schweig' ihr Schweigen mit.
Darin versunken lockt das Lied
des Nichts, aus dem die Fülle tritt:
In allem herbstlichen Vergehen
ruft mich das große Auferstehen!

Erwartung

Verglühend zu verstehen,
wird das mein Durchgang sein?
Muss alles ganz verwehen,
in leeres Nichts eingehen,
für reines Seligsein?

Wie kann ich Mensch noch werden,
da Gott mich überbot,
mich führt in seine Gärten
in liebenden Gebärden
vernichtend gar den Tod?

Soll ich mich länger wehren?
Da ist, o Gott, dein Blick.
Nichts wollen, nur noch hören,
nur Lassen führt zurück
zum Untergang im Glück.

Vor der Kathedrale in Astorga

Zeit des Eilens

Längst eilen Menschen dieser Tage
– und vielen ist es eine Plage -
von einem Licht zum ander'n.
Was allerorten gleißt und funkelt,
das wird erhascht, bis dass es dunkelt -
Was soll ein solches Wandern?

Halt ein! Denk an ein and'res Licht:
Es sprach so sanft: „Fürchtet euch nicht!"
Und ließ die Hirten eilen.
Es öffnet Augen, öffnet Ohren,
es führt zum Kind, das uns geboren,
es will die Herzen heilen.

Brich auf ins Helle ohn' Ermatten,
und lass auch mitgeh'n deinen Schatten,
er lebt wie du vom Licht.
Lass Leib und Seele eilig schreiten,
von Engeln lasse dich geleiten,
sei voller Zuversicht!

Geh eil'gen Schrittes auf den Weg,
und sacht in deinen Aufbruch leg
dein Staunen und dein Hoffen.
Dann wird es „Heil'ge Nacht" in dir,
dann wird der Weg für dich zur Tür –
dann ist der Himmel offen!

Pilgerdenkmal in Mellid

Brücken bauen

Komm, wir bauen eine Brücke
von gestern über heut' nach morgen,
damit ein jeder ohne Sorgen
erhob'nen Haupts, mit freiem Blicke
den Aufbruch wagt zu seinem Glücke.

Komm nur, vertrau! Die Brücke will
als kraftvoll ausgespannter Bogen
treu führen über dunkle Wogen,
geduldig leiten fest und still
an unser höchstes Lebensziel.

Wir alle können Brücke sein,
weil Gott Getrenntes ganz besiegte
gar selbst uns zueinander fügte.
Lebendig sind wir Stein für Stein,
als Menschen Gottes Widerschein!

Dies ist der Pilgerschaft Ertrag:
Dass Gott uns an sein Herz gedrückt
im Weg, der täglich vor uns liegt.
So sei, was immer kommen mag,
ein jeder Tag ein Brückenschlag!

Brücke über den Rio Pisuerga

Auf dem Sternenweg

Sterne zu deuten pilgern viele,
den Weg vom Dunkel in das Licht.
Ein jeder Schritt hat sein Gewicht
und leitet sie zum heil'gen Ziele.

Sie bringen ihre Gaben dar,
und lächelnd nimmt das Kind sie an,
doch weil es Herzen öffnen kann,
macht es den Pilgern offenbar:

was euer Schenken kostbar macht,
ist mehr als Weihrauch, Myrrhe, Gold,
es ist der Weg, den ihr gewollt,
und der euch führt durch Tag und Nacht.

Eure Geschenke sind nur Steg.
Der Pfad, der euch zu mir gekehrt,
er ist's, der eure Gaben ehrt,
geht mit mir auf dem Sternenweg!

Nun schreiten wir

Nun schreiten wir getrost und frei
hinüber in die Zeitenferne.
Wir tragen brückengleich und treu
ins Morgen uns're Sehnsucht Sterne.

Wir folgen nicht dem Trug der Macht,
doch inn'rer Stimme, ungewollt,
durch aller dunklen Sinne Nacht,
erleuchtet von der Weisheit Gold.

Im Pilgern hebt sich flügelleicht
über die Jahresschwelle
wie ein Gebet, das Weihrauch gleicht,
zu Gott hin uns're Seele.

Und will uns bitt'rer Myrrhe Schmerz
im Zeitenlauf begegnen,
dann soll erst recht Gott unser Herz
und uns're Schritte segnen.

Brücke in Cahors

Du legst dein Licht

Du legst dein Licht auf meine Stufen,
bei Tag und Nacht bist du mir nah.
Nicht ungehört verhallt mein Rufen,
auf Schritt und Tritt bist du schon da.

Ist taub mein Ohr, mein Auge blind,
und ziellos, weglos all mein Fragen,
so führt mich deine Hand gelind,
und noch im Sturz bin ich getragen.

Ich zweifle oft und spüre doch
nach deinem Wort voll Sehnen.
Herr, wird dein Blick mich treffen noch?
Dann wasche mich in Tränen!

In deiner Liebe weitem Meer
fängt mich das Netz der großen Ruh,
dass ich mich nun nicht länger wehr',
nur staunend schaue dich, mein Du!

An einem Wintermorgen

Kristallklar legt sich weiße Pracht
auf der Erde Falten,
verwandelt alles über Nacht
in andere Gestalten.

Am Brunnen – schau, im Pelze
sitzt unser Pilger still
und wartet auf die Schmelze,
wann sie wohl kommen will?

Ob er vom Wege träumt,
vom Aufbruch in die Weite?
Ob bald der junge Frühling keimt,
wer gibt ihm das Geleite?

Jetzt ist es gute Zeit zu warten,
doch bald schon wächst der Tag
zu einem grünen Garten
und bringt den Amselschlag.

Der Pilger wird sich recken
und neue Wege finden,
mit Ränzel und mit Stecken
ins ferne Land entschwinden.

Du mach dein Herze weit,
wach auf zu neuen Stufen!
Bald kommt die rechte Zeit,
lass dich zum Aufbruch rufen!

Jakobusbrunnen vor der Pilgerherberge
Cursillo-Haus St. Jakobus in Oberdischingen

Offene Tür

Oft bin ich in meinen Tagen
durch Türen aller Art gegangen.
Die einen wurden zugeschlagen,
and're haben mich empfangen.

Manche Tür fiel Jahr für Jahr
hinter mir ins Schloss,
doch nie blieb ich – wie wunderbar
allein und heimatlos.

So kann ich leicht verzichten,
was hinter fremden Türen
mit eig'nem Blick zu sichten.
Was sollte mich verführen?

Heut gilt es, dies Portal
zum Neuen aufzustoßen.
Ein Wagnis jedesmal,
doch will ich es liebkosen.

Denn heut ist alles neu,
mein Herz, was soll dein Beben?
Mach auf, denn du bist frei:
hier ist die Tür zum Leben!

Eingang zur Santiagokirche in Puente la Reina

Erleuchtung

Der Zweifel ist es nicht,
der mich so zittern macht,
es ist, o Herr, dein Licht,
das du in mir entfacht.

Wer bin ich, dass du mich
berufst, in dir zu sein,
und weckst mich, österlich
mein Leben dir zu weih'n?

Wie sollte ich nicht zittern,
wenn meine Lebensengen
sich lassen ganz erschüttern,
in neue Freiheit sprengen!

Nun, ganz dir zugewandt,
mein Herz dem deinen nah,
halt ich den Stürmen stand,
bleib bebend, glaubend, da.

Gebärend unter Tränen,
dringt neues Sein hervor,
lebendig junges Sehnen
durchstößt des Todes Tor.

Herr, sprich! Es werde stille
in aller Wirrsal Nacht.
Aus Nichts bricht deine Fülle:
Jetzt bin ich neu gemacht.

Blindenheilung, Relief im Portico der Kathedrale von Astorga

Wenn ich ins Heiligtum will gehen …

Wenn ich ins Heiligtum will geh'n,
frag' ich mein Herz nach Ernst und Willen,
bleib' nicht im Vorhof draußen steh'n.
Wer könnt mir sonst die Seele füllen?

Ich frag' nicht Mauern, nicht die Säulen,
frag' nicht, warum, wie alt, woher.
Jetzt ist die Zeit, ganz zu verweilen,
zu spüren, was von ungefähr

in mir will Schwellen überschreiten.
Ein Beben meiner Seele naht,
ein Glück will mich zum Knien leiten,
ganz stille steht der Mühsal Rad.

Verstummend stirbt im Niedersinken
der vielen Fragen Lärm und Gier,
und ungeahnte Sterne blinken,
entsteigend eines Himmels Tür.

O sel'ges Schweigen, hol mich ein,
brich neuem Ursprung in mir Bahn!
Komm, mein Geliebter, komm herein,
verwandle mich, fang heute an!

Portico de la Gloria in Santiago

Gottes Tür bleibt offen

Suchst du Gott hinter Türen,
die einmal offen, einmal zu?
Du wirst ihn nicht erspüren,
schenk' deinem Sehnen Ruh'!

Werd' still und lerne hören,
bereite dir nicht Schmerzen,
Gott will dich nicht betören:
Er steht vor deinem Herzen.

Er wartet ohne Drängen,
oh Mensch, zu ihm hin schreite
heraus aus deinen Engen,
hinaus in Gottes Weite!

Du brauchst ihn nicht zu rufen,
Er sehnt sich längst nach dir,
eilt über alle Stufen,
dass er dich nicht verlier'.

Jetzt ist es Zeit – ja, heute!
Schon ist erfüllt dein Hoffen:
Du lebst aus Gottes Freude,
Sein Tor zu dir bleibt offen!

Erzbischof Don Julián Barrio Barrio, Santiago de Compostela, schließt am Ende des Heiligen Jakobusjahres die Puerta Santa

*Botafumeiro**

Mächt'ger Hymnus, Orgelklang,
neugierig raunendes Gedränge.
Voll Erwartung harrt die Menge
der feierlichen Ordnung Gang.

Weihrauch vermählt sich roter Glut,
und schon beginnt der Silberkessel
kraftvoll geführt an starker Fessel
zu fliegen, heil'ger Übermut!

Immer höher, in die Weite,
hinauf bis in Gewölbelüfte,
und in Schwaden schweben Düfte
nieder auf die Pilgersleute.

Gebannte Blicke staunend schwingen
mit dem Rauchfass hin und her:
der Menschen Freude, Gott zur Ehr,
heiteres Zusammenklingen!

Der Hymne brausendes Finale
vereint, die auf der Sehnsucht Weg
genießen sel'ges Privileg:
am Ziel – in Jakobs Kathedrale!

**Der botafumeiro ist das ca. 50 kg schwere Rauchfass, das in der Kathedrale von Santiago de Compostela an Festtagen, von acht Männern, den tirabuleiros, in Bewegung gesetzt, durch das Querschiff schwingt.*

Jakobuslied

Heil'ger Jakobus, wir rufen heut' an deinen Namen:
Sieh her auf alle, die zu dieser Pilgerschaft kamen.
Tritt für uns ein / Gott möge gnädig uns sein.
Führ' uns den guten Weg! Amen.

Heil'ger Jakobus, als erster zum Zeugen berufen,
führe auch uns zu der Jüngerschaft heiligen Stufen.
Sei du uns Licht, lass uns im Dunkeln doch nicht,
wenn wir vertrauend dich rufen.

Heil'ger Jakobus, als erster gabst du einst dein Leben,
nahmst an den Kelch, der gefüllt mit den bitteren Reben.
Lass deinen Tod / Zeugnis für uns sein in Not,
dass auch wir Gott alles geben.

Heil'ger Jakobus, auf Tabor vom Lichte ergriffen -
Ratlos am Ölberg bei denen, die flohen und schliefen.
Sende uns Kraft, wenn wir in Zweifeln erschlafft,
führ' uns hin zu Glaubenstiefen.

Heil'ger Jakobus, vom Herren berufen zu heilen,
der Menschen Wege zu gehen auf viel tausend Meilen,
Krankheit und Not / mächtig zu wenden in Gott,
Herzen bewegen zum Teilen.

Heil'ger Jakobus, Begleiter der Pilger auf Erden!
Lehr' unterscheiden uns, folgen den göttlichen Werten.
Führ' uns zur Quell' / dass wir gereinigt und hell
Brunnen für andere werden.

Grabmal des hl. Apostels Jakobus

Gelassenheit

Dem Neuen will ich still entgegen träumen,
geduldig, sacht, wie junge Wintersaat,
gelassen dulden allen Widersinn.
So wächst in unverhofften Lebenskeimen,
was mir verborgen sich verkündet hat,
zur rechten Zeit als goldener Gewinn.

Ich dränge nicht die antwortlosen Fragen,
gewähre ihnen eigen Zeit und Raum;
dem Leben will ich trau'n, den Vögeln gleich,
und guten oder schweren Wettern sagen:
Ich bin in Gott verwurzelt – Lebensbaum,
verschenkt der Welt, wie bin ich reich!

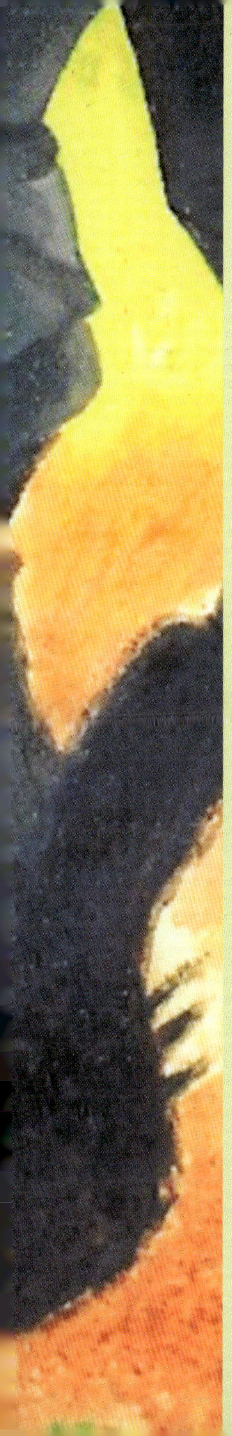

Jakobspilger

Welches Sehnen lenkt die Schritte,
welche Kraft verzehrt den Schmerz
der Pilger, die aus ihrer Hütte
aufgebrochen sternenwärts?

Nach langer Nächte dunklem Sinnen
werfen sie sich in den Wind
der Wege, ziehen still von hinnen,
treten ein ins Labyrinth.

Jenseits fernem Horizont
lockt Erwartung: Gnadenmeer.
Traumbesessen, staubbewohnt
geh'n die Füße tränenschwer.

Vom Ziel des Weges ganz umhüllt
eilen sie von Stund' zu Stund',
zieh'n voran als Schattenbild,
folgend ihrer Seele Grund.

Einmal kommt ihr Schritt ans Ende,
da Hände Tür und Tor ergreifen,
und des Verstandes Widerstände
im Herzen zum Erkennen reifen.

Brich auf, geh deinen Sternenweg,
folg' deiner Sehnsucht fromm.
In deiner Träume Stimme leg'
die Antwort: Ja, ich komm'!

Monika M. Reisser, Jakobspilger (Ausschnitt), Öl auf Leinwand

Fels sein

Fels wollte ich sein und sicherer Grund,
bin doch nicht mehr als Gras im Wind.
Dein Ruf erschrak mich, gab mir kund:
Du Vater suchst mich als dein Kind.

Ich zweifle, ich irre, bin unbedacht,
ein Ungestüm treibt mich ins Leere.
Dein Wort trifft ins Herz so klar und so sacht,
nimmt von mir die lastende Schwere.

Du durchdringst all meine Gedanken,
Du formst mein Zögern zu Schritten.
Dich hindert nicht mein Suchen und Wanken,
erfüllst im Erkennen mein Bitten.

Fels wollte ich sein und bin Erde!
Du sprichst über Brüche und Schmerzen
alles verwandelnd Dein „Werde!
Du sollst ein Fels sein im Herzen!"

Prophet im Portico von Saint Pierre in Moissac (Frankreich)

Vertrauen

Was auch geschieht, was immer kommen mag,
ich kann der Zeiten Lauf nicht hindern,
kann nur der eig'nen Seele Zittern mindern
durch mein Vertrauen in den heut'gen Tag.

Niemals will ich der Furcht die Führung überlassen.
Sie weist das keimend Kommende zurück,
vielleicht auch das vollkomm'ne, reine Glück,
das nur ein armes, reines Herz mag zu erfassen.

Ich wage neu die Fahrt ins off'ne Meer,
denn Wind und Wellen sind mir wohl bekannt,
und Himmels Weite ist mein Schutzgewand,
es trägt mich weiter, immer mehr!

Es ruft in mir nach Achtsamkeit und Mut,
mit reinem Herzen zu vertrauen.
Dann wird aus Glauben endlich Schauen
dann füllt ein Friede mich, und alles ruht.

Fischerboote in Finistere

In immer neue Weiten

Du weißt von mir seit Urbeginn,
schaust wachen Auges mir voraus.
Du kennst die Wege, bist zuhaus'
in Stille und in Sturmgebraus.
In Dir weiß ich: Woher – wohin.

Auf meinem Herzen Deine Hand
bin gerne Deine Beute.
Du rufst mich Freund zur Freude,
in Gottes neues Heute,
an Deiner statt gesandt.

Kein Tag muss mich gereuen,
den ich für Dich verloren,
denn Du bist mir geboren.
Ich hab mich Dir verschworen,
das soll sich jetzt erneuen.

Noch mehr will ich ins Hören,
mich in Dein Wort versenken,
Dein Arm wird mich ja lenken
zu einzigem Verschenken,
Dir Gott zu Lob und Ehren.

Du bist in meinen Schritten,
Du wirst mich treu begleiten
in immer neue Weiten,
in Deine Ewigkeiten:
Du bist in meiner Mitten.

Erschaffung des Adam
Puerta de las Platerias, Santiago de Compostela

Ahnung

Du Gott in meinem ersten Keime,
erfahr'nes Sein, v o r allem da.
Du Atem unbewusster Träume,
im Anfang und im Ende nah.

Du selbst bist da in Wirklichkeit,
nicht Name, nicht Begriff.
Du machtest längst mein Leben
weit,
als noch mein Wesen schlief.

Hast mich seit Ewigkeit ergriffen,
als noch mein Herz verblendet,
enthüllst mir Deiner Nähe Tiefen,
weißt alles schon vollendet.

Du schüttest dich in zarter Liebe
wie Licht auf meinen Pfad,
dass stets Dein Wunder in mir
bliebe:
mein Leben, Deine Tat.

So löst nach langer Fragen Nacht
sich bitteres Suchen auf.
Du willst in Deines Geistes Macht
beglücken meinen Lauf.

Du willst ins Eigene mich rufen
als Ich und Du zugleich;
erschaffst mir täglich neue Stufen,
schenkst Lebensfülle reich.

So wie ich kam, so geh ich – nackt,
mit leeren Händen – gut.
Du hast Dich ganz in mir gewagt,
Jetzt hab ich ewig Mut.

Erschaffung der Eva
Puerta de las Platerias, Santiago de Compostela

Schweigen, Hören, Gehen

Jetzt ist die rechte Zeit,
im Schweigen und im Hören
die Herzen auszuleeren
und spüren Endlichkeit.

Erschaffe mir, o Gott
ein reines Herz zu Dir
und öffne mir die Tür
zu deinem Lebensbrot!

Du in mir – so sei's!
Wie ich in Dir für immer
als Deiner Liebe Schimmer
in meinem Lebenskreis.

Du machst mich frei und klar
im Spiegel deines Lichts,
bewahrst mich vor dem Nichts,
und alles wird nun wahr!

Da endlich höre ich
den Ruf zur Jüngerschaft:
„Geh nun in deiner Kraft -
vertrau, ich sende dich!"

Am Rio Aragon, Navarra

An der Mittelsäule

– Portico de la gloria –

Nun leg ich Pilger meine Hand
herzklopfend in den Säulenstein,
die Wurzel greifen meine Finger.
Endlich da – ganz unerkannt,
und doch geheimnisvoll daheim
als des Apostels Jünger.

Jetzt bin ich da am heil'gen Ziel,
weiß mich erwartet lange, lange,
als wahres Glied an diesem Stamm.
Nun schweigen alle Stürme still,
jetzt ist mir nicht mehr bange –
hier ahn' ich Gott wie Abraham.

Hier geb' ich alles aus der Hand,
ergreife – werd' ergriffen ganz,
lass dankbar Freudentränen fließen.
Betreten darf ich heil'ges Land,
erlöst aus Höll' und Totentanz,
darf Frieden froh genießen!

Da singt in mir ein Jubelchor:
„Ich bin geliebt seit Ewigkeit!"
Apostelgrab, du heil'ger Schrein,
du bist das Ziel, und doch nur Tor
der Liebe, die mich ganz befreit,
mich heißt Apostel sein!

Neuer Aufbruch

Wenn ich die Augen hebe
zum All der Ewigkeit,
dann spür' ich, dass ich lebe
aus Gottes Seligkeit.

Wenn ich den nächsten Schritt
der Wirklichkeit vertraue,
dann geht die Seele mit,
sie weiß, worauf ich baue.

Noch hinter schweren Pfaden
lichtfunkeln Gottesgründe
in Spuren voller Gnaden
im Nichts der Zeitenwinde.

Der Weg umarmt mich wieder.
Er wird mich führen, tragen.
So sing ich meine Lieder
und will's aufs Neue wagen.

Geträumtes Gebet

Zu dir zurück
nach lang verirrtem Suchen,
in kalte Leeren ausgeleert,
blind tappend noch
im Kreislauf des Vorläufigen.

Zu dir zurück
aus taubem dämmrigem Verdursten,
heimkehrend nackt aus uferlosen Wünschen
löst sich mein Herz aus Stricken
besitzlos offen.

Zu dir zurück
aus Widersprüchen blutend
so viele Götzenbilder noch zu stürzen
in Stürmen weichend
deiner Liebe.

Zu dir zurück
weil mein verstummtes Beten
mir lähmend glauben machte
dein Schweigen hieße
verlorenes Entfernen.

Zu dir zurück
Einatmend dein Erwarten
Sieg kostend unter Tränen
umarmt erbarmend väterlich
flüchtend in's Ziel – endgültig.

Wolfgang Schneller

Der Jakobsweg nach Santiago de Compostela

48 Seiten, zahlreiche Abbildungen
Format 13,6 x 19 cm, 3. Auflage
ISBN 3-933784-16-6
Euro 5,– / sFr. 9.30
Kunstverlag Josef Fink

Die große Wallfahrt des Mittelalters, der Pilgerweg nach Santiago de Compostela im äußersten Nordwesten Spaniens, zieht seit über tausend Jahren Menschen aus ganz Europa, ja inzwischen aus aller Welt an.

Was bewegt so viele Menschen, unter zum Teil großen körperlichen und seelischen Anstrengungen den „Weg der großen Sehnsucht" unter die Füße zu nehmen? Ist es der hl. Apostel Jakobus (d. Ä.), dessen Grab man im 9. Jahrhundert in Galicien entdeckt zu haben glaubte und über dessen legendärer Ruhestätte eine der herrlichsten Kathedralen der Welt entstand? Ist es das nahe „Finisterre" am Atlantik, das mittelalterliche „Ende der Welt", einst heilige Stätte keltischer Kulte? Allen touristischen Strömungen zum Trotz behaupten sich die Pilger, die aus religiösen – oder wenigstens religiös-kulturellen – Gründen auf dem Jakobsweg Richtung Compostela wallfahren. Sie berichten von erstaunlichen Erfahrungen der inneren Läuterung, der Erneuerung ihres Glaubens, von Erlebnissen großartiger Gastfreundschaft und vom Gewinn einer neuen Einstellung zum Leben.

Der Jakobsweg verbindet die Völker Europas – die unzähligen Sehenswürdigkeiten romanischer und gotischer Kunst und Architektur entlang der Pilgerstraße geben Zeugnis davon. Die christliche Seele Europas und die Idee der Einheit des Kontinents erhielten vom Jakobsweg her entscheidende Impulse.

Das Büchlein von Wolfgang Schneller beschreibt den Jakobsweg in seinem Verlauf von Le Puy-en-Velay in Frankreich über die Pyrenäen bis nach Santiago de Compostela.